Julia Uhlitzsch

Sprachbildung und interkulturelle Erziehung in Schweden

Ein Vorbild für Deutschland?

GRIN Verlag

Bibliografische Information der Deutschen Nationalbibliothek:

Die Deutsche Bibliothek verzeichnet diese Publikation in der Deutschen National-
bibliografie; detaillierte bibliografische Daten sind im Internet über http://dnb.d-
nb.de/ abrufbar.

Impressum:

Copyright © 2011 GRIN Verlag GmbH
Druck und Bindung: Books on Demand GmbH, Norderstedt Germany
ISBN: 978-3-656-00718-0

Dieses Buch bei GRIN:

http://www.grin.com/de/e-book/178616/sprachbildung-und-interkulturelle-erzie-
hung-in-schweden

GRIN - Your knowledge has value

Der GRIN Verlag publiziert seit 1998 wissenschaftliche Arbeiten von Studenten, Hochschullehrern und anderen Akademikern als eBook und gedrucktes Buch. Die Verlagswebsite www.grin.com ist die ideale Plattform zur Veröffentlichung von Hausarbeiten, Abschlussarbeiten, wissenschaftlichen Aufsätzen, Dissertationen und Fachbüchern.

Besuchen Sie uns im Internet:

http://www.grin.com/

http://www.facebook.com/grincom

http://www.twitter.com/grin_com

Stiftung Universität Hildesheim
Institut für deutsche Sprache und
Literatur

Bühler Campus
Lübecker Straße 3
31141 Hildesheim

Sprachbildung und interkulturelle Erziehung in Schweden

- ein Vorbild für Deutschland?

vorgelegt von:

Julia Uhlitzsch

Inhaltsverzeichnis

„Wenn es um moderne Bildungssysteme geht, zählt Schweden zu den Vorbildern."
(Strothmann, 2005, S. 5)

1. Einleitung

Das angeführte Zitat untermauert den Inhalt dieser Ausarbeitung, welche sich mit dem Referatsthema „Sprachbildung und interkulturelle Erziehung in Schweden" auseinandersetzt. Dabei werden speziell drei Maßnahmen für Migranten und ihre Kinder näher erläutert und dafür notwendige Begriffsdefinitionen gegeben. Zunächst gibt die Arbeit jedoch einen kurzen Überblick über die Bevölkerung Schwedens und geht folglich näher auf das schwedische Sprachgesetz ein. Zusätzlich wird der Begriff *interkulturelles Lernen* herausgearbeitet und dessen Umsetzung in Schweden näher beleuchtet. Da sich diese Arbeit darüber hinaus mit der Fragestellung beschäftigt, ob Schweden ein Vorbild für Deutschland ist, wird schlussendlich genauer darauf eingegangen.

Grundlage für die Ausarbeitung des Referatthemas „Sprachbildung und interkulturelle Erziehung in Schweden" bildet der Text von *Sigrid Luchtenberg* mit dem Titel „Bilinguale und Interkulturelle Erziehung in Schweden". Zudem wurde mithilfe einschlägiger Literatur das Thema näher bearbeitet.

2. Hauptteil

2.1 Schweden – ein kleiner Überblick über die Bevölkerung

Nach neuesten Angaben vom *Statistischen Amt Schweden* leben derzeit 9.499.312[1] Millionen Menschen in Schweden. Schweden versteht sich heute offiziell als Einwanderungsland, was bei einer Migrantenquote von 13,8 %[2] unbestreitbar ist (vgl. Schoenherr, 2006, Tagesspiegel online). Bei rund 1,3 Millionen ausländischen Einwohnern bilden die Finnen mit 175.000 Personen die

---

[1] Die aktuelle Einwohnerzahl Schwedens wurde der Website des Statistischen Amt Schwedens entnommen unter http://www.ssd.scb.se/databaser/makro/SaveShow.asp
[2] Die Daten wurden Schwedens offizieller Website (verwaltet vom Schwedischen Institut) entnommen unter http://www.sweden.se/upload/Sweden_se/german/factsheets/SI/TS15-Schweden-im-uberblick-low-resolution.pdf

„weitaus größte Minderheit" (Luchtenberg, 1994, S. 108). Weitere große Gruppen bilden Menschen aus dem Irak (heute 109.000), dem ehemaligen Jugoslawien (heute 72.000), Polen (heute 63.000) und aus dem Iran (57.000). Hinzu kommen Türken, Chilenen, Deutsche und übrige Skandinavier. Die Zuwanderung ausländisch sprechender Menschen nach Schweden erfolgte jedoch erst ab dem Zweiten Weltkrieg und veränderte die Bevölkerungszusammensetzung somit sprunghaft. Da Schweden zuvor eines der Länder mit der höchsten Auswanderungsquote war, herrschte in der Nachkriegszeit ein Mangel an Arbeitskräften, den man durch den „Import" ausländischer Arbeitnehmer minimieren wollte (Currle, 2004, S.196). So sind heutige Minderheiten vor allem „Arbeitsmigranten und Arbeitsmigrantinnen [...], Spezialisten und Spezialistinnen in bestimmten Berufen (wie viele Deutsche), mit Schweden bzw. Schwedinnen verheiratet oder Flüchtlinge [...]" (Luchtenberg, 1994, S.108).

2.2 Das schwedische Sprachgesetz

Aufgrund der hohen Einwanderungszahl Schwedens lässt sich eine Vielzahl an Muttersprachen herausstellen. Schon im Jahr 1989 wurden daher knapp 60 verschiedene Muttersprachen in den Schulen verzeichnet (vgl. Luchtenberg, 1994, S. 108). Bevor ich jedoch zu den Sprachbildungsmaßnahmen für Migranten und ihre Kinder komme, möchte ich kurz auf den schwedischen Sprachengesetzentwurf von 2005 eingehen. Neben der Regelung, dass *Schwedisch* die Hauptsprache in Schweden sein soll, enthält der Entwurf, welcher am 1.Juli 2009 in Kraft getreten ist, Regelungen zu Minderheitssprachen, Zeichensprachen und Einwanderungssprachen in Schweden. Für das Thema dieser Arbeit sind besonders die Regelungen zu den Einwanderungssprachen interessant, die unter §14 festgehalten sind. Hier wird vor allem auf den *Zugang zur Sprache jedes Einzelnen* Wert gelegt, in dem man denjenigen, die eine andere Muttersprache sprechen, die Möglichkeit gibt, diese zu entwickeln und auch zu gebrauchen. Unter § 15 wird dafür die Allgemeinheit aufgefordert, sich für diesen *Zugang zur Sprache jedes Einzelnen* verantwortlich zu fühlen.

2.3 Sprachbildung in Schweden – Maßnahmen für Migranten und ihre Kinder

Im Folgenden wird daher der Bereich Bildung in Bezug auf die Sprachbildungs-maßnahmen für Migranten und ihre Kinder genauer beleuchtet und dargestellt. Hierzu zählen Maßnahmen, die sich auf das Erlernen der Muttersprache und der Zweitsprache Schwedisch beziehen. Hinzu kommt der Unterricht in besonderen Klassenformen, der ebenfalls dargestellt wird.

2.3.1 Begriffsdefinition *Muttersprache*

Bevor genauer auf die Förderung der Muttersprache im schwedischen Schulsystem eingegangen wird, muss zunächst geklärt werden, was unter dem Begriff *Muttersprache* verstanden wird.

„Die Muttersprache ist die erste Sprache der Kinder, in der sie ihre Primärsozialisation erfahren. In dieser Sprache beginnen sie zu denken, Konzepte zu bilden, Wünsche, Meinungen, Ablehnungen etc. zu äußern."
(Reiß-Held, 2004, Treffpunkt DaZ online[3])

„Die Muttersprache fasst man am besten als Sprache der Eltern. Sie wird in der Regel auch die Erstsprache des Kindes."
(Hoffmann, 2011, Kleines ABC online (Stichwort Muttersprache versus Erstsprache[4])

Meist wird die Muttersprache daher mit dem Begriff der *Erstsprache* gleichgesetzt, was jedoch nicht immer zutreffend ist (vgl. Günther/Günther, 2007, S. 57). So erwähnt Hoffmann, dass es sein kann, „dass die Eltern die *Umgebungssprache* für so wichtig einschätzen oder als so dominant erleben, dass sie sie zur Familiensprache machen."(Hoffmann, 2011, Kleines ABC online (Stichwort Muttersprache versus Erstsprache). Somit wäre die *Erstsprache* in diesem Fall die *Umgebungssprache* und nicht die *Muttersprache*.

---

[3] http://www.treffpunkt-daz.de/uber_mich/spracherwerb_6.html
[4] http://home.edo.uni-dortmund.de/~hoffmann/ABC/Mehrsprachigkeit.html#Mu

2.3.2 Gründe für die Förderung der Muttersprache

"Die Muttersprache ist der Schlüssel für die zweite Sprache"
(Gila Hoppenstedt, 2010, Bildungsklick online[5])

Häufig wird die Förderung der *Muttersprache* unter dem Aspekt der kindlichen Identität als notwendig bezeichnet. Auch Luchtenberg spricht von einer angehobenen Selbstwertschätzung der Kinder, wenn diese ihre Muttersprache weiter erwerben dürfen (vgl. Luchtenberg, 2004, S. 111). Sie ist also Teil der Identität geworden und ihre „Verdrängung, Ablehnung oder Leugnung" (Günther/Günther, 2007, S. 153) würde das Kind beim Aufbau eines positiven Selbstkonzeptes behindern (vgl. ebd.). In diesem Zusammenhang wird auch erwähnt, dass das Aufwerten der *Muttersprache,* das Interesse an der Zweitsprache steigert. Durch die „Wertschätzung des Eigenen" (*Reiß-Held, 2004, Treffpunkt DaZ online)* zeigt man sich offen gegenüber der Zweitsprache und hat das Bedürfnis sich auch in dieser artikulieren zu können. Wird jedoch der Lernprozess der Muttersprache gestört, zum Beispiel durch das Aufzwingen einer Zweitsprache in der Schule, kann es passieren, dass auch die Zweitsprache nur auf einem niedrigen Niveau erlernt wird (vgl. Hoffmann, 2011, Kleines ABC online (Stichwort Muttersprache versus Erstsprache). Daher ist es wichtig, dass die *Muttersprache* zum Beispiel im Rahmen des *Muttersprachlichen Unterrichts* zu einem guten Niveau aufgebaut wird. Auch Günther und Günther erwähnen, dass das sichere Beherrschen der *Muttersprache* den Erwerb der Zweitsprache unterstützt, da sie bereits „grundlegende sprachliche, kommunikatiive, soziale, emotionale und kognitive Fähigkeiten erworben haben." (Günther/Günther, 2007, S. 153). Der *Muttersprache* kann somit eine entscheidende Rolle beim Erwerb der Zweitsprache zugesprochen werden.

2.3.3 Maßnahme 1 - Muttersprachlicher Unterricht (MU) in Schweden

Schweden hat diesbezüglich schon früh Maßnahmen für die Förderung der *Muttersprache* ergriffen. Bereits in den 70er Jahren wurde <<aktiver

---

[5] http://bildungsklick.de/pm/73745/die-muttersprache-ist-der-schluessel-fuer-die-zweite-sprache/

Bilingualismus>> als politisches Ziel der Erziehung von Migrantenkindern formuliert, welches 1977 als Recht auf Muttersprachlichen Unterricht[6] verankert wurde. Im Jahr 1985 bestätigte man dieses Recht auf MU für Vor-, Grund- und weiterführende Schulen. Somit wurde nach Reiß- Held der Spracherwerb des jeweiligen Lerners zu einer interaktiven Angelegenheit zwischen dem Lerner und seiner Umwelt ausgebaut (vgl. Reiß-Held, 2004, Treffpunkt DaZ online). In der Schule wird „die Wertschätzung der Muttersprachen und Kulturen" (ebd.) durch das Angebot von MU und die Bereitschaft der Lehrer und Lehrerinnen zum Ausdruck gebracht. Die Teilnahme an MU ist in Schweden freiwillig und „steht jedem/r zu, der/die einen nicht Schwedisch sprechenden Elternteil hat" (Luchtenberg, 1994, S. 110). Somit entsteht an den Schulen ein vielfältiges Angebot an MU, welches im Beispiel von Luchtenberg mehr als 34 *Muttersprachen* bei 1.000 Schüler und Schülerinnen aufweist. Dabei ist zu erwähnen, dass die Sprachen, die im MU unterrichtet werden, nicht die Nationalsprachen der Herkunftsländer sind, „sondern tatsächlich die von mindestens einem Elterteil gesprochene Sprachen, also z.B. Kurdisch auch für türkische Kinder mit kurdischer Muttersprache." (ebd., S. 112). Im schwedischen Schulsystem ist der MU auf zwei Wochenstunden beschränkt, enthält aber trotzdem ein großes inhaltliches Spektrum. Neben dem Erlernen einer umfassenden Sprachkompetenz (einschließlich Literatur- und Fachsprachen) soll der MU „die Beschäftigung mit der Herkunftskultur beinhalten" (ebd., S. 112). Hierbei lässt sich der oben genannte Grund (Punkt 2.3.2) der Identitätserfahrung anführen, da der MU den Schülern und Schülerinnen hilft, sich als Mensch mit mehreren Sprachen und Kulturen positiv zu erfahren (vgl.ebd). MU wird an Schwedens Schulen unterschiedlich organisiert. Da die Muttersprachenlehrkräfte teilweise an mehreren Schulen arbeiten, muss die Planung mit den einzelnen Kindern gut abgesprochen sein. Meist erfolgt der MU im so genannten Pullout-Verfahren, bei dem die Kinder aus Fächern herausgenommen werden, in denen sie eine gute Leistung erbringen oder die aus anderen Gründen unrelevant sind (vgl. ebd.). Darüber hinaus gibt es auch Schulen, die sich zur Aufgabe gemacht haben, den MU an einem Nachmittag fest zu integrieren, so dass die Schüler und Schülerinnen keinen Unterricht verpassen. Neben der Eingliederung der

---

[6] Aus Gründen der Vereinfachung wird der Begriff *Muttersprachlicher Unterricht* durch die Abkürzung MU ersetzt.

Zweistundenregelung des MU in den normalen Schulalltag hat eine Untersuchung von *Munico* weitere Schwierigkeiten bei der Umsetzung von MU aufgezeigt:

- zwischen MU und übrigen Unterricht besteht nur selten ein Zusammenhang
- die Beteiligung der Muttersprachenlehrkräfte und Eltern an Entscheidungsprozessen über die schulische Laufbahn von Migrantenkindern fand kaum statt
- durch die Reform erhalten viel mehr Kinder MU
- Fehlen von muttersprachlichen Lehrbüchern beziehungsweise fehlende Qualität bei vorhandenen Lehrbüchern im Vergleich zu den Maßstäben der allgemeinen Schulbücher in Schweden

Hierbei ist zu erwähnen, dass es sein kann, dass sich einige eben angeführte Probleme heute schon besser bewältigen lassen. Da die Untersuchung von *Munico* im Jahr 1987 durchgeführt wurde und das schwedische Schulsystem und seine Lehrkräfte mittlerweile ausreichend Erfahrungen mit MU gemacht haben, dürfte bereits eine Besserung erlangt worden sein. Um diese Annahme bekräftigen zu können, müsste jedoch eine neue Untersuchung herangezogen werden.

Insgesamt lässt sich jedoch herausstellen, dass MU in Schweden eine große Rolle bei der Ausbildung eines aktiven Bilingualismus einnimmt. Aktiver Bilingualismus ist somit eine der „Grundlage[n] des Unterrichts für Migrantenkinder" (Luchtenberg, 1994, S. 114). Eine weitere Grundlage bildet hierfür der Unterricht in der Zweitsprache Schwedisch, der unter Punkt 2.3.5 näher behandelt wird.

2.3.4 Begriffsdefinition Zweitsprache

Der Begriff *Zweitsprache* lässt sich unter anderem wie folgt definieren:

„Unter Zweitsprache verstehen wir jede Sprache, die nach der Erstsprache [nicht unbedingt gleich Muttersprache] erlernt wird. [...] Eine Zweitsprache ist lebensbedeutsam und existenziell notwendig. Sie ist ein Mittel der Verständigung und des täglichen Überlebens in einer fremden Gesellschaft und Kultur."

(Günther/Günther, 2007, S. 57f.)

2.3.5 Maßnahme 2 - Schwedisch als Zweitsprache

Aufgrund der oben aufgeführten Definition des Begriffs *Zweitsprache* lässt sich ableiten, dass das Erlernen der Zweitsprache, in diesem Fall Schwedisch, für die Schaffung eines funktionierenden Bilingualismus notwendig ist. Besonders für die „Bewältigung von Alltagssituationen" (ebd., S. 58) ist der Zweitspracherwerb von großer Bedeutung. Demzufolge ist *Schwedisch als Zweitsprache* laut Lehrplan (Läroplan 1980) darauf ausgerichtet, „teilnehmende Schüler und Schülerinnen zur vollen Kompetenz- entsprechend der der schwedischen Kinder- zu führen." (Luchtenberg, 1994, S. 115). Hat ein Schüler mit Migrationshintergrund also keine dem Muttersprachenniveau entsprechende Schwedischkenntnisse, erfolgt die Teilnahme am Schwedischunterricht als Zweitsprache.

2.3.6 Maßnahme 3 – Unterricht in besonderen Klassenformen

Neben den schon aufgeführten Maßnahmen für Migranten und ihre Kinder in Bezug auf die Sprachbildung, wird der Unterricht in Schweden weiterhin durch besondere Klassenformen geregelt. Hierzu zählen die so genannten Vorbereitungsklassen, Muttersprachenklassen und zusammengesetzte Klassen, die sich wie folgt unterscheiden lassen:

Vorbereitungsklassen:

„Vorbereitungsklassen werden von Migrantenkindern besucht, deren Schwedischkenntnisse noch nicht zur Teilnahme am regulären Unterricht ausreichen." (Luchtenberg, 1994, S.115). Im Normalfall wird die Vorbereitungsklasse für 2 Jahre besucht, wobei der neben Schwedisch als Zweitsprache auch Muttersprache, Mathematik, Sozialkunde, Berufskunde, Sport, Musik und Werken unterrichtet wird (vgl. ebd, S. 115f.)

Muttersprachenklassen:

9

„Muttersprachenklassen sind sprachhomogene Klassen, in denen zweisprachig nach dem schwedischen Lehrplan unterrichtet wird, [...] " (ebd., S. 116). Dabei wird die Muttersprache zunächst in den Vordergrund gerückt. Schwedisch findet vor allem in den oberen Klassen Anwendung. Muttersprachenklassen werden in Schweden von der 1 bis zur 6 Klasse geführt, wobei eine Verlängerung von 3 drei weiteren Schuljahren durch Entscheidung der Eltern möglich ist (vgl. ebd).

Zusammengesetzte Klassen:

„Zusammengesetzte Klassen werden aus je zehn Kindern mit Schwedisch als Muttersprache und zehn Kindern mit einer anderen Muttersprache zusammengesetzt und von zwei Lehrkräften unterrichtet." (ebd., S.118). Da die Klasse jedoch oft geteilt wird, erhalten die Kinder hier besondere Förderung, wodurch diese Klassenform besonders bei den schwedischen Eltern beliebt ist (vgl. ebd).

2.4 Interkulturelles Lernen

Die oben aufgeführten besonderen Klassenformen machen deutlich, welche enorme Rolle die Sprache dabei einnimmt. Im Lehrplan als auch in Gesprächen wird neben der Sprache immer wieder die Kulturvermittlung als bedeutsam angesprochen (vgl. Luchtenberg, 1994, S. 118). Daher wird im Folgenden näher auf das *Interkulturelle Lernen* und dessen Umsetzung in Schweden eingegangen.

2.4.1 Begriffsdefinition *Interkulturelles Lernen*

Unter dem Begriff *Interkulturelles Lernen* verstehen Gondolf u.a.:

- *„das gemeinsame Lernen von Menschen unterschiedlicher nationaler bzw. ethnischer Herkunft",*
- *„die Berücksichtigung der kulturell geprägten Erfahrungen sowohl im Herkunftsland als auch im Zielland einschließlich der sich entwickelnden Migrantenkultur",*

- *„Gemeinsamkeiten und Unterschiede kennen und akzeptieren lernen, kooperative und gleichberechtigte Beziehungsformen finden und sich an der Gestaltung neuer Lebensformen aktiv beteiligen."*

(Gondolf, 1983, S.19)

2.4.2 *Interkulturelles Lernen* in Schweden

Im Gegensatz zum MU ist *Interkulturelles Lernen* beziehungsweise *Interkultureller Unterricht* in Schweden nicht gesetzlich verankert. Bislang existiert hierfür nur ein Reichstagsbeschluss von 1985, der jedoch von den Schulbehörden vergleichsweise mit der Verankerung *Interkulturellen Unterrichts* in den Niederlanden gesehen wird. Daher wird die Implementierung von *Interkultureller Erziehung* in Schweden ebenso wichtig genommen, wie die der muttersprachlichen Erziehung. Dabei stehen beide Erziehungen nicht im Gegensatz zueinander, sondern bauen aufeinander auf. Luchtenberg schreibt, dass „Muttersprachen Unterricht [...] weiterhin sprachliches und kulturelles Wissen vermitteln [soll], das die Kinder dann im gemeinsamen Unterricht einbringen können." (Luchtenberg, 1994, S, 119). Grundlage für die Realisierung *Interkulturellen Unterrichts* bildet hierbei der schwedische Lehrplan (Läroplan, 1980), der bereits wesentliche Ansätze enthält, die sich in Bezug auf ein interkulturelles Prinzip interpretieren lassen könnten (vgl. ebd.). So wird zum Beispiel davon gesprochen, dass internationale Solidarität, Konflikte und Friedenserziehung berücksichtigt werden sollen. Weiterhin gibt es sogar konkrete Angaben für einzelne Fächer, die sich interkulturell interpretieren lassen. Hierzu zählen unter anderem die Behandlung von Literatur aus Minderheitenkulturen oder die politische Diskussion des Nahen Osten. Dennoch gibt es immer wieder skeptische Äußerungen gegenüber der Verwirklichung *Interkultureller Erziehung*. Beispielsweise wird hierbei die fehlende Lehrerausbildung, die knappe Zeit oder die Beschränkung von interkulturellen Projekttagen auf Essen und Folklore erwähnt. Trotzdem bemüht man sich in Schweden um ein interkulturelles Arbeiten, dass Luchtenberg an einem Beispiel festmacht, bei dem an einer Schule zum Schuljahresschluss ein Buch mit Zeichnungen, Gedichten und Prosa zu verschiedenen Themen in mehreren Sprachen veröffentlicht wurde (vgl. ebd, S. 120f.).

3. Fazit

Bei meiner Vorbereitung zum Referatsthema und der anschließenden Ausarbeitung habe ich festgestellt, dass Schweden eine besondere Rolle bei der Sprachbildung von Migranten einnimmt. Schweden war und ist Frühreiter einer positiven Migrantenpolitik, wodurch sich auch für die Bildung von Migranten klare Konsequenzen ergeben haben. Vor allem das gesetzlich verankerte Recht auf Muttersprachlichen Unterricht gibt den Zuwanderern Sicherheit und eine Rechtsgrundlage. Hierbei besteht einer der Unterschiede zur Bundesrepublik Deutschland, die *herkunftssprachlichen Unterricht* nicht gesetzlich geregelt hat und nur unter Einschränkungen in wenigen Bundesländern anbietet. So wird in Nordrhein-Westfalen *herkunftssprachlicher Unterricht* nur dann eingerichtet, wenn in der Primarstufe mindestens 15 und in der Sekundarstufe I mindestens 18 Teilnehmer gleicher Sprache angemeldet sind[7]. Diese Maßnahme ist zwar ein Schritt in die richtige Richtung, muss jedoch durch seine Einschränkungen in Frage gestellt werden. Durch eigene Schulerfahrungen kann ich bestätigen, dass Migrantenkinder eher geringe Chancen erhalten haben, ihre Muttersprache zu erhalten beziehungsweise weiterzuentwickeln. Insbesondere scheinen die schulischen Rahmenbedingungen in Deutschland ein wesentlicher Faktor für die „Nichtmachbarkeit vieler Vorschläge" (Luchtenberg, 1994, S. 126) zu sein. Kurpjoweit fügt hinzu, dass es „[f]ür vieles […] in Deutschland weder den notwendigen zeitlichen und räumlichen Rahmen, noch ein Konzept und schon gar nicht genug Personal." (Kurpjoweit, 2004, S. 16) gibt. Fakt ist jedoch, dass Sprachenvielfalt und Zweisprachigkeit ein weltweites Phänomen ist und somit nicht nur Schweden entsprechende Maßnahmen ergreifen muss. Auch wenn der schwedische Weg für Deutschland aufgrund unterschiedlicher Bildungspolitiken und Voraussetzungen nicht zu imitieren geht (vgl. ebd.), kann Schweden dennoch Anregungen geben und als Vorbild dienen.

Anhand der Literatur musste ich erkennen, dass das Thema weitaus tiefgreifender behandelt werden kann und noch viele andere Hintergründe beleuchtet werden könnten. Da der Rahmen dieser Arbeit jenes jedoch nicht zulässt, mussten an vielen Stellen Informationen gekürzt und sogar ausgelassen werden. Dennoch denke ich, dass herausgestellt werden konnte, inwieweit die Sprachbildung von

---

[7] http://www.schulministerium.nrw.de/BP/Unterricht/Faecher/Fremdsprachen/FAQMU/Organisation.html

Migranten in Schweden durch entsprechende Maßnahmen gefördert wird. Weiterhin wird deutlich, dass Schweden somit zweifelsohne und nicht nur für Deutschland eine Vorbildfunktion zugeschrieben werden kann.

Literaturverzeichnis

Currle, E. (2004). *Migration in Europa. Daten und Hintergründe.* Stuttgart: Lucius & Lucius. Zugriff am 28.06.2011 unter
http://books.google.de/books?id=Z2ai2HkN8_8C&printsec=frontcover&dq=Migrati on+in+Europa&hl=de&ei=2KAJTtDUO9S38gOPgdl4&sa=X&oi=book_result&ct=bo ok-thumbnail&resnum=1&ved=0CC0Q6wEwAA#v=onepage&q&f=false

Gondolf,U., Hegele, I., Pommerin, G., Röber- Siekmeyer, C., Schellong, I., Steffen, G. (1983). *Gemeinsames Lernen mit ausländischen und deutschen Schülern. Fernstudium Erziehunsgwissenschaft: Ausländerkinder in der Schule.* Weinheim [u.a.]: Beltz Verlag.

Günther, B., Günther, H. (2007). *Erstsprache, Zweitsprache, Fremdsprache - Eine Einführung* (2. Auflage). Weinheim [u.a.]: Beltz Verlag.

Hoffmann, L. (2011). *Kleines ABC: Migration und Mehrsprachigkeit.* Zugriff am 1.7.2011 unter
http://home.edo.uni-dortmund.de/~hoffmann/ABC/Mehrsprachigkeit.html#Mu

Hoppenstedt, G. (2010). *Die Muttersprache ist der Schlüssel für die zweite Sprache.* Zugriff am 30.06.2011 unter
http://bildungsklick.de/pm/73745/die-muttersprache-ist-der-schluessel-fuer-die-zweite-sprache/

Kurpjoweit, K. (2004). *Das schwedische Schulsystem.* Oldenburg: Didaktisches Zentrum Carl von Ossietzky Universität Oldenburg.

Luchtenberg, S. (1994): *Bilinguale und Interkulturelle Erziehung in Schweden.* In: Paula, A. (Hrsg.): *Mehrsprachigkeit in Europa. Modelle für den Umgang mit Sprachen und Kulturen.* Klagenfurt: Drava 1994, S. 107- 129.

Ministerium für Schule und Weiterbildung des Landes Nordrhein-Westfalen (2011). *Informationen zum herkunftssprachlichen Unterricht.* Zugriff am 05.07.2011 unter
http://www.schulministerium.nrw.de/BP/Unterricht/Faecher/Fremdsprachen/FAQM U/Organisation.html

Reiß-Held, Dr. S. (2004). *Zur Rolle der Muttersprache im pädagogischen Alltag.* Zugriff am 29.06.2011 unter
http://www.treffpunkt-daz.de/uber_mich/spracherwerb_6.html

Schauer, M. (2010). Das schwedische Sprachgesetz. Zugriff am 29.06.2011 unter
http://www.suite101.de/content/das-schwedische-sprachgesetz-a92274

Schoenherr, J. (2006). *Der schwedische Weg. Mit Anreizen will Stockholm bei Migranten den Wunsch nach Integration wecken.* Zugriff am 28.06.2011 unter http://www.tagesspiegel.de/politik/der-schwedische-weg-mit-anreizen-will-stockholm-bei-migranten/708364.html

Schwedisches Institut (2010). *Schweden im Überblick. Daten, Wahrzeichen und Karte.* Zugriff am 28.06.2011 unter http://www.sweden.se/upload/Sweden_se/german/factsheets/SI/TS15-Schweden-im-uberblick-low-resolution.pdf

Statistisches Amt Schweden (2011). *Statistical database. Population.* Zugriff am 28.06. 2011 unter http://www.ssd.scb.se/databaser/makro/SaveShow.asp

Strothmann, C. (2005). *Einblicke in die schwedische Schule.* Oldenburg: Didaktisches Zentrum Carl von Ossietzky Universität Oldenburg.